CELESTIAL

Ryan Meeboer

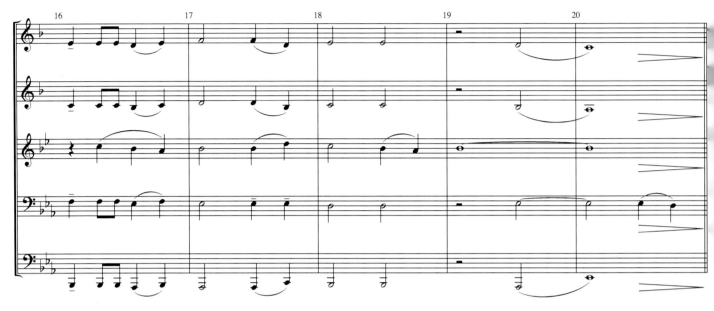

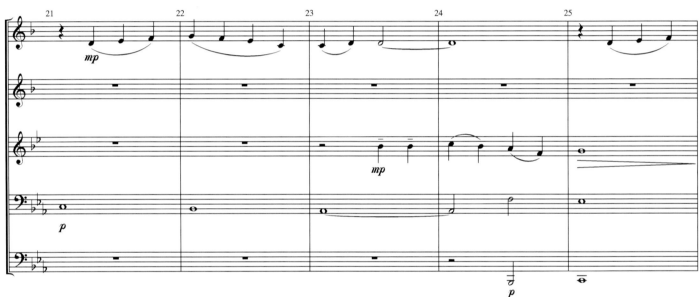

CELESTIAL pg. 2

B♭ Trumpet 1

CELESTIAL

Ryan Meeboer

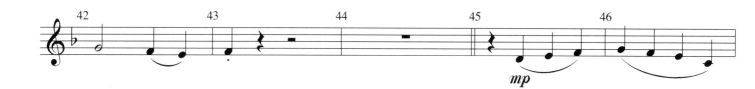

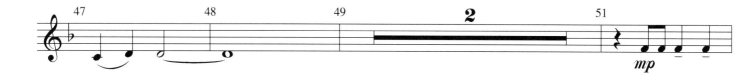

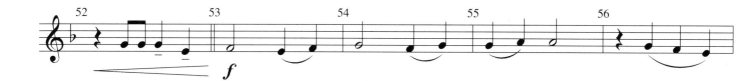

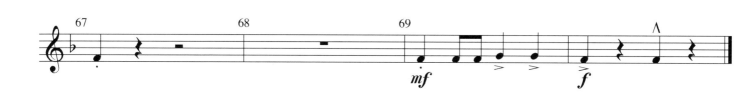

CELESTIAL pg. 2

B♭ Trumpet 2

CELESTIAL

Ryan Meeboer

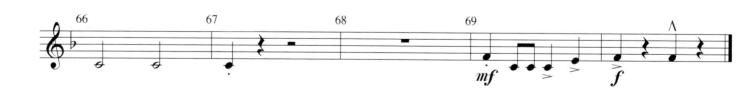

CELESTIAL pg. 2

F Horn

CELESTIAL

Ryan Meeboer

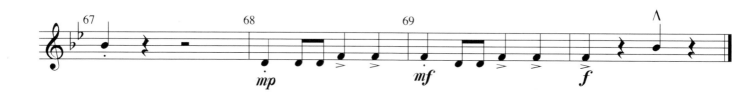

CELESTIAL pg. 2

Trombone

CELESTIAL

Ryan Meeboer

CELESTIAL pg. 2

Tuba

CELESTIAL

Ryan Meeboer

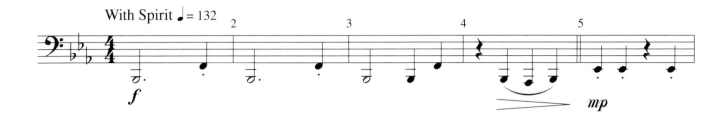

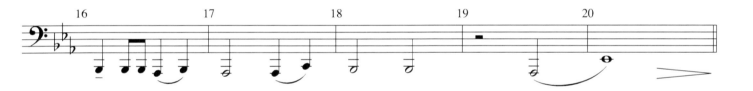

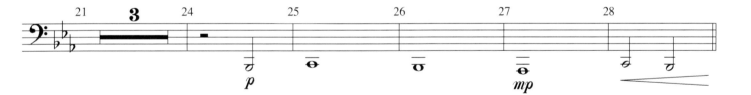

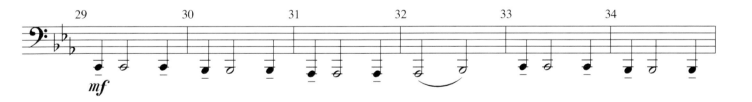

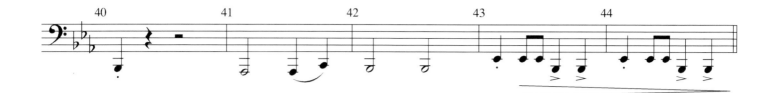

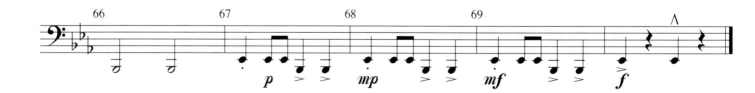

CELESTIAL pg. 2